AF388788

TH. FÉRY

ORATE FRATRES

AUX AMES DÉVOTES

PARIS

IMPRIMERIE TYPOGRAPHIQUE DE M. DECEMBRE

326, RUE DE VAUGIRARD, 326.

1886

ORATE FRATRES

AUX AMES DEVOTES

On recommande à vos prières le nommé TH. FERY, né en la paroisse de Burey-en-Vaux, près Vaucouleurs, diocèse de Verdun.

Il y a quelque vingt ans déjà, l'habile pasteur qui, à l'ombre du clocher de cette bergerie, exerçait la lucrative autant que sainte profession à laquelle Robert Houdin doit sa célébrité. Et, plus fort que ce dernier, changeait, en bons dieux, de petites rondelles de pain à cacheter, émoustillant les arrières fosses nasales peut-être moins voluptueusement que de fines Ostendes, de fraîches Marennes ; mais, comme ces mollusques, destinés à effectuer par un drôle de chemin, un pélerinage qui n'a rien d'ascendant, pas plus au propre qu'au figuré.

Il y a quelque vingt ans et plus, dis-je, ce roublard prestidigitateur, du fond de sa sacrée chaire, collectionnait chez ses fidèles ouailles, pour arrêter les premiers écarts du jeune pécheur (pas pêcheur à la ligne, il n'y connaît rien), des kilomètres de cette pieuse ficelle qui se dévide comme une bobine, en tortillant entre les doigts de petites machinettes de chapelets (pas à monter l'eau).

Notre-Dame des Victoires, à qui on expédia tout le paquet, à Paris, en lui demandant de le mettre en usage, ne connaissant pas plus le latin que le français (la bonne femme est née en Asie et n'entend que l'hébreu), n'a jamais rien compris à cet envoi ni à l'explication l'accompagnant. Ce qui motive assez l'insuccès de la tentative malheureusement avortée ; le raté de la conversion demandée.

Pour éviter, à l'avenir, un semblable four, mes bons frères et mes douces sœurs en J.-C., nous nous chargeons de traduire en la langue maternelle des gentils saints et des belles petites saintes à qui elles seront adressées, avant de les expédier à destination, toutes les supplications, matagrabolisations, etc., expectorées et autres sacrés résidus de ramonages de... fonds de casseroles (comme dit l'abbé Hannion) ; aussi les pieuses ingurgitations opérées en faveur du pécheur dont il s'agit d'arrêter les débordements, au propre comme au figuré.

Si, en 1789, un tas d'imbéciles va-nu-pieds n'avaient démoli la Bastille et autres culs-de-basses-fosses, on pourrait l'y envoyer pourrir.

Si les fils de Dominique et de Torquemada, soufflant sur la cendre refroidie des bûchers que ces deux saints, efféminés par les houris du paradis de Mahomet, ont laissé éteindre ; si, dis-je, ils pouvaient de leur vengeur et puissant souffle les rallumer encore, on les prierait de faire rôtir comme boudin sur gril, cet hérétique, sous prétexte qu'il refuse de prononcer canoniquement le mot *Schiboleth*.

Et encore, plus heureux que Rabelais, il a déjà été tant de fois excommunié qu'il ne flamberait plus.

Donc, que chacun armant sa *dextre* d'un goupillon copieusement trempé d'eau bénite, se mettre en prière : *Orate, carissime, fratres* et vous toutes *mes sœurs bien aimées* ! Unissons-nous étroitement pour combattre les chagrins que nous causent ses nombreuses indiscrétions sur les faits et gestes de gens qui nous sont chers.

Ne s'est-il pas avisé dernièrement d'écrire et de publier une satanée brochure où il se permet de dire des choses... désagréables, de citer des actes plus ou moins... drôles, de gens bien pensants et hauts en cour.

De quel droit vient-il crier : « *à bas les masques* ! » Sous prétexte que le carnaval politique et social, comme l'autre, devrait finir avec mardi-gras et les prières des 40 heures ? c'est trop d'audace vraiment.

La queue d'une perruche de Java reflète peut-être sur son plumage multicolore des nuances moins variées que les métamorphoses politiques d'Hagen, mais chacun n'est-il pas libre de retourner à loisir sa veste, de faire la lessive de l'Auvergnat, de revêtir l'habit d'arlequin, de porter à la boutonnière un bouquet de violette, à la main gauche une fleur de lys, et dans la droite un manche de parapluie coiffé d'un bonnet phrygien ; de se déguiser en chauve-souris en criant tour à tour : *vivent les oiseaux, vivent les rats* !

Au reste, après en avoir conféré et pris l'avis de Steeg et autres casuites réformés du *Temps*, il a promis de ne plus se moquer d'Habert ni de Létonné, parce qu'il craindrait pour ses oreilles. Aussi de ne plus exposer Emont à s'entendre renouveler par Richardin cette singulière question : *Quel, Charles attend* ? La mode n'étaient plus actuellement aux plébiscites, il n'aura plus la singulière mission de cumuler le double dépôt des *Oui* et des *Non*.

Si Bigeon s'est assez longtemps élimé les dents en tirant sur sa robe courte pour l'allonger suffisamment, de façon à pouvoir s'y tailler encore un rabat et une bavette, ce n'est pas un motif pour lui reprocher sa persévérance et sa réussite. La fin justifie les moyens.

Si l'ordre moral, après l'avoir taquiné quelques jours, lui rendit son estime en lui faisant des excuses de s'être mépris, c'est une faveur que ne méritera pas ce grincheux, cet entêté de Féry, qui n'a jamais rien compris à la diplomatie.

Bonvié lutta 25 ans contre les intérêts généraux de son canton avant de voir le *ruban rouge* le récompenser de leur avoir nui.

Bigeon n'ayant pu faire encore à l'agriculture du même canton tout le mal qu'il aurait voulu, en aidant à détruire les syndicats d'irrigation, ne blêmit-il pas assez en regardant chaque jour sa boutonnière toujours vierge de la *queue de Poireau*, sans qu'on vienne encore raviver le cuisant souvenir de ses roublards efforts et de ses insuecès.

Au reste Féry en sait quelque chose, Bigeon comme le dévot de Molière est parfois d'élastique pâte. En 1881, l'escalier de Bastien ne l'entendit-il pas railler du Mesnil tombé. Cette amende honorable ne peut-elle donc faire oublier totalement les perches légendaires qu'il lui avait tendues pour, en empêchant sa chute, faire pièce à Féry.

Ne s'est-il pas prêté de bonne grâce à cette bouffonnerie d'un comique exhilarant : être bombardé président de la Société d'agriculture de Vaucouleurs, sans avoir eu besoin de rappeler ni exhiber ses brillantes aptitudes pour la culture de la *carotte*, ni les hautes capacités zoologiques qui en réunion lui firent confondre un jour, avec des *rossignols* à longues oreilles et à chardons, trente cultivateurs de son canton et tant d'autres qu'ils représentaient.

Dans sa sollicitude pour les habitants de Vaucouleurs, il songeait dit-on à demander la démolition des barrages-retenues construits par son successeur à la mairie, sur la Haute-Meuse, dans sa bonne ville. A part sa signature, la pétition aurait pu tout au plus recueillir peut-être celle de son prédécesseur ; il a renoncé à son projet, paraît-il. On ne verra plus les marais laissés à nu pour empester la ville et faire crier contre ce damné de Féry. C'est de la belle et bonne conciliation : on n'est pas juge de paix pour rien.

Ayant dû abandonner, *pour cause de santé*, un poste qui ne lui rapportait pas de *monnaie*, mais pour lequel il avait fallu passer pour rendre des *services exceptionnels*, il a retrouvé instantanément toute sa vigueur d'antan pour *émarger* au budget ; c'est une cure merveilleuse à faire concurrence à celles de Lourdes. Et dire qu'il n'est pas plus fier pour cela du précieux secret qui l'a si vite guéri ; il ne l'a pas encore utilisé davantage en le vendant aux fabricants de miracles sur commandes. Quel désintéressement !

Sachant bien que la dignité du parti républicain du canton, honteux et vexé d'avoir été pris pour dupe, d'avoir servi de tremplin, d'échelon à son amour de la... *pièce de cent sous*, (chacun ne se sent pas le courage d'aimer la République pour ses beaux yeux), exige sa démission ou son départ de Vaucouleurs, il accepterait de grand cœur, dit-on, un canonicat à Saint-Denis ; ce ne serait pas une disgrâce, au contraire.

En camail et rocher, il pourrait dans ce lieu propice, en utilisant complètement ses qualités et ses dispositions félines, épanouir ses bonnes grâces à faire le dos rond. Il s'occuperait aussi à traduire en *volapuk* les anciens droits féodaux. Ce qui le consolerait de ne plus discourir abondamment sur la vente des poisons pharmaceutiques et autres, ni sur l'éducation des perruches en serre-chaude cu sous cloche.

Qu'y a-t-il donc de si drôle en tout cela pour exciter les railleries de ce Féry du diable ?

Il se plaint du zèle à rebours des mandataires du pays pour l'intérêt général ; est-il assez exigeant, assez naïf.

Le conseiller d'arrondissement du canton de Vaucouleurs s'est prudemment gardé d'encourir les chances d'une fluxion de poitrine, en plaidant devant ses collègues la cause de l'agriculture, de l'irrigation. C'est presque à faire regretter Hagen, dira-t-on. Mais n'a-t-il pas promis de venir dorénavant, lorsqu'il ferait beau temps, assister comme tous les autres convoqués, aux réunions du Syndicat général à Maxey-sur-Vaise ?

Le conseil général, après avoir entendu les élans oratoires du Ministre Develle, sur la *Tortue symbolique* trainant le char de l'agriculture. Ceux d'un autre gros bonnet son acolyte, M. Josse, qui vend des bijoux au quai des Orfèvres, non, M. Poincarré habitant quelque part à Paris, que l'arrêt complet de certain train avant Bar-le-Duc, pourra gêner quelquefois. (On eût dit Hagen réclamant le classement du chemin n° 68).

Après avoir bu avidement le chaleureux plaidoyer du conseiller Curel sur la mesure d'intérêt public qui commande à l'Etat, au département, de faire tout le possible en faveur du noyau de syndicats d'irrigation formés et fonctionnant dans son canton, d'appuyer leurs efforts.

L'assemblée émue jusqu'aux larmes n'a-t-elle pas voté l'impression de ces entrainant discours, et leur affichage à toutes les bornes kilomètriques de la grande et petite voirie.

Au temps de Bonvié, a dit Féry, les syndicats recevaient chaque année 500 francs de subvention du département. On ne sait où leurs receveurs logeront celles accordées cette année à la suite de la brillante campagne du suppléant de Bigeon en leur faveur. C'est à craindre qu'il n'en reste pas pour raccomoder les vieux clochers.

Et quand Jénin n'aurait pas dédommagé de sa bourse les syndicats des 900 francs que leur coûta par sa mauvaise volonté le jugement du 16 août 1871? à quoi bon lui rappeler des souvenirs aussi lointains qu'ennuyeux, en revenant sur cet épisode qui a bien pu entraver et retarder, mais non empêcher le succès final de l'affaire. Est-ce assez taquin.

A quoi bon aussi avoir mis l'eau à la bouche à Du Mesnil. Le voyez-vous, sans le moindre cataclysme à l'horizon, commandant pour sa rentrée triomphale à Vaucouleurs, une chaise à porteurs capitonnée, avec fleurs de lys au dos, plumets blancs et glands d'or aux coins ; puis obligé d'en faire cadean ou de la céder à perte à Philippe VII, pris de nostalgie pour sa bonne ville de Paris. On ne fait pas de ces plaisanteries ; celle du verre cyclopéen de 1879 suffit à sa célébrité.

Buzy, assez occupé à commenter les *cauteleuses* propositions des pères Sanchez, Suarez, Molina, Escobard, etc., sur la grâce suffisante, la concommittante et autres matières à études, pour grippemenauds et chats fourrés, des susdits maitres es-arts en *caustelleries* ; aussi, à mesurer et expliquer l'influence des vents de Galerne et de Biterne sur les girouettes humaines : Buzy, disons-nous, demande qu'on le laisse en paix à Montmédy employer aussi utilement ses loisirs au bonheur de ses anciens et nouveaux justiciables. On ne saurait être plus modeste et sans ambition.

Parce qu'un jour le Conseil d'Etat de l'Empire s'est mêlé d'émettre sur l'équité naturelle, la justice primordiale qui, à défaut de principes imprimés dans un code écrit, doivent en tenir lieu, un avis que n'eussent pas désavoué les honnêtes gens d'un autre parti politique ; cela ne prouve pas qu'un magistrat de la République n'ait le droit d'insulter, *ad majorem Dei gloriam,* sa décision et ceux qui l'invoquent.

Il faut s'appeler Théodule et avoir des idées assez démodées pour critiquer cet acte rappellant d'Aguessau.... de loin.

L'ingénieur Kuss, (beaucoup de gens se sont demandé si ce n'était pas un mythe, si ce personnage si maltraité existe réellement), a dit nous l'avouons, des sottises à faire pâlir un Cafre ou un naturel du Congo à qui elles seraient échappées ; à faire lever les épaules et sourir de pitié un pastoureau qui les auraient entendues. Il a émis d'un cœur léger des subtilités à porter subitement au garance la sombre robe d'Ignace ; mais en est-il réellement responsable ? Il serait prudent de consulter des casuistes experts avant de se prononcer et savoir si on ne doit pas lui appliquer le bénélice de certain aphorisme bien connu, d'un évangile catholique. Au reste, il a cru et voulu nous faire plaisir, être utile à l'Eglise sa mère.

Nons ne nions pas que le métier de professeur de balançoires dans une faculté orthodoxe, répondrait davantage à ses antitudes et sa vocation que celui des Ponts et Chaussées ; mais il est trop..., comment dirai-je... naïf.

S'il savait plus habilement mentir et dorer la pilule, on pourrait utiliser encore sa bonne volonté en lui montant un équipage de den‚ tiste. Ce serait une belle occasion d'exercer à souffler du trombonne son conducteur Lacour, à qui on adjoindrait le phoque du Jardin des Plantes.

Encore faudrait-il, avant, leur laisser terminer la réglementation du barrage du pré clos, (pas au phoque).

Et dire que ce monstre de Féry, vomi par l'enfer, a juré de leur faire changer d'air : C'est à désespérer de la providence, car il ne se contente pas d'en promettre. Du Mesnil le sait.

Leur chef Massé a, sans les lire, approuvé tous leurs petits et gros mensonges ; le grand Lama qui au Ministère de l'agriculture signait : Gomot, n'en a-t-il pas fait autant après lui, sans en être plus fier pour cela.

Lionville pour témoigner de sa sollicitude, *toute neuve*, envers les syndicats, n'a-t-il pas offert de leur faire adresser des cartes géographiques du Tonkin, (sans les canards à pépites de *l'Indépendance*) que de temps immémorial ses païens d'habitants appelés par Jules Ferry avec un si légitime dédain : *races inférieures*, irriguaient sans être tracassés par les fonctionnaires et les magistrats de l'Etat, avant l'occupation française.

Ayant retrouvé le laborieux et concluant rapport de notre ami le conducteur des Ponts-et-chaussées Finel, il prépare de concert avec Develle et Boulanger le nouveau sénateur, un gigantesque projet *pour rire*, destiné à compléter la loi de 1865 sur les associations syndicales agricoles.

Vous verrez ce Féry maudit prétendre que ces MM. n'y auraient jamais songé, si lui n'avait prévenu Boulanger de son dessein d'en faire déposer à la chambre un sur le même sujet, et un autre particulier sur les irrigations; en l'engageant à profiter de l'occasion pour démentir la page 45 de sa brochure, au moins en partie, puisque chacun sait qu'il ne pourrait arguer d'erreur certaines affirmations.

Au banquet offert en septembre dans un but agrico-rigolo quelconque par ses féaux, en l'honneur de Develle, qui avant d'être Sous-Préfet de l'orléaniste Broglie, puis blackboulé de l'Eure, enfin sénateur de la Meuse, exerçait laprofession *d'avocat*, (précieux antécédents pour en faire plus tard un Ministre de l'Agriculture de la République). A ce banquet l'éminent orateur (ancien cliché de « *La Meuse*, » n'a-t-il pas au dessert, enflant ses champêtres pipeaux modulé le : « *O fortunatos agricolas*, » la pastorale de Tityre et Mélibée, enfin le « *Quando rus te aspiciam*. »

Puis bu ensuite à l'avenir des syndicats d'irrigation du canton, à la confusion de leurs adversaires, sans nommer Bigeon assis en face de lui, pendant qu'à sa gauche l'orléaniste Boulanger sous l'influence soporifique du potage à la tortue, voyait en rêve une face royale entourée de l'exergue : » *Philippe VII, roy de France*, » remplacer sur le papier timbré la devise et le symbole républicains. Ce qui simplifiait l'épuration du personnel.

Ce toqué de Féry, après avoir dit dans sa brochure de vilaines choses de certains ingénieurs, ne s'avise-t-il pas de réclamer quand même en leur faveur, une... *récompense nationale*, par ce singulier motif qu'ils ont trompé ou essayé de tromper les populations agricoles. Et aussi, pour encourager leur talent à imiter la marche en arrière des écrevisses.

Cette inconséquence dénote assez la profonde fêlure qui lézarde la boîte crânienne entourant le cerveau détraqué du pamphlétaire maudit. Elle justifie assez les sollicitations de Lanel, pour le faire interner à Fains. Au reste, ces Messieurs n'ont que faire de son zèle baroque, qui vient mettre mal à propos leur modestie et leur désintéressement à l'épreuve.

Un témoignage de faveur, remémorant à Poincaré sa conversion, n'ajouterait rien à sa félicité; il se souvient assez. Cependant, le ruban irrisé du *Dragon vert d'Annam*, n'ayant pas encore en France de signification déterminée, il ne se compromettrait pas en l'acceptant. On croirait qu'il est la récompense de son invention du Dimanmanche, *système ponts-et-chaussées*, durée: 36 heures.

Mouton se trouve suffisamment satisfait pour le moment des résultats produits par les études de réservoirs destinés à alimenter, en même temps que le canal de l'Est, les futures irrigations de la vallée de la Meuse. Ce n'est pas sa faute, si ses projets sont enfermés dans les cartons administratifs, jusqu'à la résurrection des coqs-cigrues.

Si la livrée de l'ordre de la *Sacrée Mule du Pape* pouvait lui faire plaisir, nous lui en ferions volontiers et facilement obtenir une splendide, sans l'intervention de cet hérétique de Féry et de l'Etat français. Il n'est pas cause, si après avoir retrouvé forcément les pièces égarées des syndicats, une partie avait recommencé à faire l'école buissonnière chez Genser, à Commercy.

Barotte, à tort accusé d'adorer plus encore le dieu *pièce de cent sous*, que Jéhovah, plus ou moins tonnant, pourrait prouver le contraire, en remboursant à la commune, *l'argent des acacias*, qui ne lui appartenaient nullement, quoiqu'il en ait profité pendant 20 ans, comme ses élèves. Mais il attend avec raison, que Notre Dame-de-Lourdes lui ait rendu sa souscription à la bannière miraculeuse.

Si, baisant les mains aux gens qui, pendant 30 ans le poursuivirent de leur haine, l'éclaboussèrent de fange avec les siens, par contre, il essaie de maculer avec toute cette boue, ceux qui le défendirent des fureurs de *l'homme noir*, c'est son affaire. La religion autorise, commande mieux que cela encore contre les parpaillots.

> Pour écraser Féry tous les moyens sont bons ;
> A tous pieux menteurs, l'Eglise offre pardons.

Et puis, ce qu'il raconte de Féry, ne peut nuire à celui-ci ; on les connaît tous deux.

Des bonnes gens ont fait pratiquer à leurs dépens cette invention de Lucifer, l'irrigation, sur les prés sacrés du porte-dais qui a choisi pour avocate Sainte-Prescription (l'Eglise, toujours galante, n'ayant pu lui refuser d'adopter cette nouvelle recrue si ferrée en droit civil et d'en faire la compagne de Saint-Yves). Ces bonnes gens, ayant dû payer 600 fr. pour lui procurer un bénéfice de 3.000 fr. de récoltes, n'en sont pas plus contents pour cela, nous le savons.

Mais ce sont des impies, des ignares, des mécréants, qui, n'en connaissant pas la valeur, ne savent pas priser les prières que le saint homme récite nuit et jour en leur faveur ; ils ne sont pas dignes de l'honneur que leur procure cet échange avantageux de *monnaies coulantes*.

Gantrel, tant bafoué mal à propos, n'a jamais nié que son père et son aïeul n'aient été aussi intelligents et plus énergiques que lui; mais ce n'est pas sa faute. Le courage ne se transmet pas comme les terres.

Les gros sous qu'il reçut à la face ne lui ayant pas rendu le nez camard, ne l'obligeant pas à regarder en face, il s'en console comme des chapelèts égrénés à son intention par Tire-Bottes.

Quant au télégramme relatif aux médailles commémoratives, qu'il ait été emprunté au verbe *Kusser* ou au verbe *Bigconner*, l'un valant l'autre, il s'en moque comme de Colin-Tampon.

Pourquoi donc n'avoir pas laissé en paix tous ces gens bien pensants et faisants. Que sont donc comparés à leur repos et au nôtre, mes chers frères et mes bonnes sœurs, ces questions dont ce fou de Féry nous étourdit.

L'irrigation des prairies, n'est-elle pas une œuvre inspirée à ce malheureux par le démon toujours « *quœrens quem devoret,* » comme disait le saint roi David, en lorgnant de près Bethsabée, la jolie baigneuse.

Que s'acharne-t-il après les déblais de la Haute-Meuse, puisqu'il a vendu sa maison. Quelle rage de se mêler toujours des intérêts des autres. Ne ferait-il pas mieux de se faire payer plus exactement par certains débiteurs qui le calomnient.

Que peut lui faire le curage de Raoué, puisqu'il n'y a plus d'inté-rêt personnel? Qu'a-t-il à s'occuper d'irrigation? il ne mange pas de foin. Que lui chaud le partage des eaux de la Haute-Meuse, puis-qu'il n'en boit point. Ce n'est pas nous qui nous blanchirions les che-veux, comme ce cerveau brûlé, à dépenser temps et argent pour batailler au profit des autres. Oh non !

Que nous importe à nous qu'il ait été injurié, bafoué pour la cause qu'il défend, par des députés, des sénateurs, des fonctionnaires de la République ou par ceux du grand Turc ; il est puni par où il a péché : Qu'allait-il faire en cette galère?

Il paraît surpris que certaines gens essaient de lui rendre en mal tout le bien qu'il leur a fait : *l'ingratitude* n'est-elle pas monnaie courante. Etait-il assez Théodule pour ne pas l'avoir deviné à l'avance ; et, l'est-il encore assez après pour s'en étonner et s'en plaindre ensuite.

Pourquoi jeter à l'écho avec tant d'insistance ces mots *d'associa-tion*, de *syndication*. Voudrait-il insinuer qu'il est le créateur de cette prétendue pierre philosophale, invention de Satan pour perdre les hommes et aussi les femmes, quand elle n'a pas pour but de fon-der des couvents de pieux fainéants, ou quelque œuvre des petits chinois ou des enfants de Marie *sine labe concepta.*

Depuis longtemps la finance, l'industrie, le commerce, les grandes compagnies de travaux, d'assurances, usant de la recette empruntée à l'Eglise, ont perdu les nations en les enrichissant sans faire la part de ses prêtres, qui les premiers l'avaient exploitée et mise à profit.

Que parle-t-il d'évolution sociale, de progrès, d'union fraternelle, d'amélioration, de relèvement du sort moral et matériel des classes déshéritées, snrtout par l'exemple et l'aide des castes privilégiées, et autres fariboles d'écervelé. Notre sainte mère l'Eglise n'a-t-elle pas déclaré la guerre, la paresse, la misère, le despotisme, l'esclavage, le paupérisme, la mendicité, le vice *d'institution divine.*

A défaut de pouvoir reconstituer l'ancien état social, nous subissons sans être trop à plaindre celui actuel, qu'on peut appeler le régime de *l'hypocrisie* et du chacun pour soi. Et lui-même, qu'aurait-il à gagner à sa modification? rien, au contraire. Est-il bon de se faire toujours de la bile pour les autres ; quel incorrigible benêt.

Il prétend que les souffrances, les misères de beaucoup, les jalousies, les haines de quelques-uns, pressés de jouir comme d'autres, plus favorisés, qui prêchent la révolte, n'auraient pas leur raison d'être sans l'égoïsme brutal, le sybaritisme insolent, l'injustice criante, les abus de certains autres.

A-t-il reçu des grâces spéciales, possède-t-il des vertus d'Etat comme nous, Jules Simon, Ferry, Steeg, pour se mêler de ces choses.

N'ose-t-il pas prétendre, malgré l'avis de ces saints personnages, que le chassepot et le garde-chiourme ne sont pas les derniers symboles de la civilisation et de la question sociale.

Ne trouve-t-il pas drôle que la Meuse, retombée comme au beau temps de l'empire et des Edme Collot, sous le joug de la candidature officielle, exploitée par une poignée d'intrigants, serve de refuge aux fruits secs du suffrage universel des républicains de l'Eure ; aux protégés des Broglie, des Sevaistre ; aux ex-préfets que la République a rendus aux loisirs de la vie privée ; aux martyrs en herbe échappés du Timbre, et pour cause.

Il prétend que, comme l'enregistrement, après avoir eu Boulanger, la Meuse aura Tiphaigne. Est-il assez de son village pour s'en étonner. Develle ne vient-il pas d'accepter une réduction de 40,000 francs sur le budget de l'hydraulique agricole. Notre ami Lavigerie va les demander et les obtenir pour accaparer le territoire de la Tunisie et abêtir ses jeunes générations. Je ne prétends cependant pas que cela fera pousser du regain dans les prairies de la Meuse.

Il lui semble baroque encore d'entendre chanter avec autant d'à-propos que sous l'empire : « Avec notre or les capucins se grisent »,

et, que les jésuites et autres tonsurés aient un faible pour les dé-
guisements de carnaval et les portes de derrière. Est-il naïf.

Il définit perchoirs à hiboux, foyer d'espionnage, d'immoralité,
nos sacrés confessionnaux, se moque du benoît pouilleux Labre, et
des gens qui, pour plaire à Dieu, évitent l'eau et le savon.

A propos de truelle, maçon : il raille la foi de Kuss au péché ori-
ginel, parce qu'il en ressent les effets, l'appelle ironiquement fabri-
cant d'essences et de pommades de sacristie, de rapports à la Lori-
quet.

En même temps que de lui, il se gausse de Saint-Jean Bouche-
d'Or, et plaisante sous le titre de marquis de pain cher, les candidats
députés blackboulés de Barotte et Cie.

Reproche à Kuss, de faire de l'arithmétique quasi orthodoxe et ca-
nonique romaine, en disant : 3 fois 1 font 5/4. D'être en contradic-
tion avec ses anciens, de les traiter, entre les lignes, de radoteurs ;
de ne pas rappeler par ses actions le dévouement de la vieille garde
à Waterlo.

Lui remémore sa consigne d'Ingénieur de l'Etat, et le somme de
gagner son traitement autrement qu'en mystifiant ses chefs par de
mauvaises plaisanteries. Quelle insolence !

Il raille la Préfecture, reconnaissant sa vocation pour la magis-
trature et l'éloquence oratoire, et ne comprend pas qu'on accepte,
sans y être contraint par la force militaire, un portefeuille de Ministre, avec la perspective d'être mystifié plus souvent qu'à son tour.
Est-il assez Jocrisse !

Le parpaillot confond Hagen avec le lézard irrisé dit *Caméléon*,
déguisé en chanteur de café-concert ; et plaisante Gonindard d'avoir
béni les cuisinières et les perroquets du lycée de Bar-le-Duc.

Sans qu'on l'en prie, il rappelle l'orage de 1810 à Burey, comme
si on n'en voyait pas encore assez les traces. Et, parle de deux So-
sies de Moïse, de ce pays, qui n'ont pas eu la rouerie d'imiter ses
miracles et de les mettre à profit. Tant pis pour les nigauds : ils auraient pu faire exploiter, par l'Eglise d'en face, leur sauvetage.

Il paraît surpris que Kuss, connaissant la langue de la Société de
Jésus, soit le pantin des autres, et que le Saint-Esprit manque par-
tois de mémoire. Comme si à jésuite il n'y avait pas jésuite et demi ;
et que le pigeon divin devenant vieux ne ressemble pas un peu à
à Jean Joyeux, le légendaire type du canton de Vaucouleurs, ayant
son *dit* et son *dédit*.

Kuss est muni, dit-il, d'une absolution *in articulo mortis*; l'hérétique jaloux n'en pourrait montrer autant. L'*ignare* fait voir son

indigence historique en matière de tourne-broche, lorsqu'il fait parler Ezéchiel de tabatières à musique.

Il prétend que chacun devrait manger du pain tout son soûl, et même mettre dessus, non pas de la confiture dont se régalait le dit prophète, mais un peu de viande. Où allons-nous, *bone Deus* ! C'est l'abomination et la désolation prédite par les lions en carton qui entouraient Daniel dans sa fosse.

Il parle irrévérencieusement de la pâte des prélats, de leurs sacrées mains, et discute sur la coupe de la robe courte de Kuss, avec autant d'aplomb que s'il était de la congrégation. Il raconte sur la Haute-Meuse des histoires qui ne sont pas rappelées dans celle de l'Eglise, excepté celles des boîtes à bons Dieux ; et devrait savoir que *se taire* rime suffisamment à *mystère*.

Que nous importe de savoir que Kuss appuie ou non ses plaisanteries sur l'hydro-dynamique transcendante. Cette hydraulique n'a rien à voir avec celle de la baignoire de Bethsabée, ni celle des bénitiers ou nos évêques lavèrent le sang et la boue de Robert Macaire, IIIe du nom.

Que lui chaud que le beau sexe ait administré quatre ans son village sous le nom de Gantrel. Pourquoi ne fut-il pas aussi galant ?

Sans crainte des pieux talismans et de ceux qu'ils protègent, il s'attaque aux porte-dais, aux porte-bannières, aux porte-scapulaires. Et dire que Lucifer recule d'effroi devant ces saintes loques !

Il s'amuse de Kuss voulant à propos du Raoué singer la Compagnie Lérouville-Sédan, en creusant un trou pour en boucher un autre ; et lui fait des questions indiscrètes sur l'expression française : *l'intérêt général.* »

Pour évoquer nos regrets il rappelle les beaux jours du bon vieux temps ; le régime du carcan, de la potence, du nerf de bœuf appliqués à l'hygiène des paysans, par nos devanciers.

Il se permet de raconter de certains députés et sénateurs de la Meuse, des choses qu'il appelle lui-même pas propres ; de leur dire qu'ils font surtout métier de commissionnaires, de bureau de placement. Les met en désaccord avec eux-mêmes et prétend qu'en soutenant les agents de l'Etat qui se montrent adversaires du bien général, ils remplissent encore moins leur devoir envers leurs électeurs que les pantins officiels de l'empire.

Il dit que, comme eux, les bons dieux ont peur de la lumière, même des mouches et des mites. C'est pourquoi on les conserve sous cloches ou en boîtes dorées.

Il prétend qu'on pourrait trouver un ministre de l'agriculture sans avoir recours aux disciples de Barthole et Cujas, à la pépinière des chicquanous et chats fourrés : le mur mitoyen n'ayant rien de commun avec la culture des céréales, la production de la viande et celle du vin.

Avec bon nombre d'autres esprits pervers, tant de fois dupés par les apparences et rendus méfiants, il pense peut-être que Boulanger n'a pressé la vente des diamants de la Couronne, que pour fournir aux fidèles de Philippe VII, l'occasion de prouver leur dévouement, en les rachetant pour lui en faire cadeau de joyeux avènement à sa rentrée.

Il parle de fabriquer des pièces de vingt francs avec de l'eau et du soleil. Nous en récoltons plus facilement encore, chaque matin, en irriguant nos pieux gosiers de vin de purgatoire.

Comparant dédaigneusement notre législation et notre organisation agricole, avec celle de nos voisins, il établit un sanglant parallèle entre les gens qu'on appelle, chez eux comme chez nous, classes dirigeantes ; sans doute parce qu'en France elles voudraient diriger tout à rebours du progrès. Bafoue le dévouement de nos monarchistes à la cause agricole, le traitant de *ballon d'essai électoral*. Se raille de l'influence de la coupe des cheveux en politique et sur les estomacs vides.

Il appelle le Sénat : flacon de chloroforme ; remémore à l'Académie sa bourde sur le crustacé qui la symbolise. Ne croit pas à l'efficacité du traitement homœpathique de la faim par le jeûne. Trouve singulièrement erronées (presqu'autant que les rapports de Kuss), l'échelle de proportions appliquée par l'impôt et le fisc. Et n'est pas surpris de voir Freppel bénissant les inventeurs du Tonkin, qu'il appelle un second Mexique, comme but et résultat.

Essaie de parodier un mot de Voltaire, près duquel il n'est qu'un ignare, un pygmée. Evoque les hommes de 1789 pour faire ressortir la petite taille de ceux actuels.

Appelle mouchards de la Cure les gens dévoués qui espionnaient pour notre compte aux portes des auberges de Burey en 1877, et parle de la langue verte d'Ignace comme s'il était profès de l'ordre.

Il demande que l'Etat ne paie pas des agents des Ponts-et-chaussées pour nuire à l'intérêt général. Que serait-ce donc s'il parlait de nous et de nos traitements.

Se montrant cependant raisonnable une fois par hasard, il admet que l'offre d'un cabanon à Bicêtre est la récompense qui est généralement offerte à ceux qui, comme lui, essaient d'appliquer et répandre quelque damnée invention, comme celle pour laquelle il lutte depuis longtemps déjà. Que nous fait qu'il ait augmenté de *un million* la valeur de certaines prairies : les bornes qui les limitent portent encore les initiales de Saint Evre, Sainte Libaire, Saint Pierre, Saint Brice, mais le sol qui les entoure ne nous appartient plus hélas !

Enfin, pour juger par un dernier trait son infernale brochure, il suffit de dire qu'elle a reçu les compliments du Journal *La Nation* qui traite de feuilles pornographiques certaines *semaines religieuses* rédigées sous de hautes directions épiscopales ; et de *Cléricanailleries*, beaucoup de leurs articles. Qui ose imprimer, (signons-nous mes frères !) : On lit dans la Table du Répertoire de Dalloz, *Curés.* — Voyez attentats aux mœurs, (voilez-vous la face mes sœurs). Si encore il n'avait dit que: fruits secs de la charrue.

Ne collabore-t-il pas à un autre Journal : *La Semaine Fraternelle*, qui réclame à grands cris la séparation des Eglises et de l'Etat ; l'abolition des ordres religieux, qu'il traite de *sangsues* saignant les flancs de la France.

Naguère dans le *Républicain de l'Est*, n'appelait-il pas avec dédain notre bien-aimé fils Robert de Massy ex Préfet de la Meuse: sous-Hacquart, ex-valet du précurseur de Gonindard. Comme si ces épithètes n'étaient pas de glorieux titres pour un enfant soumis de notre Sainte mère l'Eglise et de nos sacrés oripeaux.

Il est étonnant qu'il n'en ait pas autant dit de Boulanger son heureux concurrent au Sénat, que nous chérissons également, parce qu'il nous le rend généreusement. Nous n'avons pas encore compris qu'il ait été assez naïf pour prendre au sérieux les menaces d'épuration du personnel administratif, et sauter prestement de l'Enregistrement au Luxembourg.

Du nom vénéré, autant que vénérable de sa *Grandeur* Gonindard (il est de taille le gaillard), n'a-t-il pas fait une raillerie à l'adresse de nos gouvernants. Ne confond-il pas des princes de l'Eglise avec des homards cuits ; la princesse, avec une tireuse de cartes : quelle horreur !

Prions donc *carissime fratres* ; *orate* aussi, mes gentilles belles petites sœurs, vous, dont les yeux suppliants et les tendres invocations, n'ont jamais trouvé de cœurs rebelles. Unissons-nous étroitement dans un commun effort.

Peut-être le bon Dieu, atteint de surdité (il est si vieux), ne vous entendra ni ne vous comprendra ; mais se méprenant sur la signification de vos gestes et de vos demandes, au lieu de convertir momentanément cet excommunié ; ce qui nous donnerait trop d'ouvrage pour le réintégrer provisoirement au giron de l'Eglise. Il se pourrait que le dit bon Dieu commande au Diable, son garçon de salle, de l'emporter pour en faire le concierge adjoint de l'Enfer.

Amen.

Bal-Addin, évêque *in partibus infidelium.*
   Par mandement de Monseigneur : Bath-Aclan,
      Chanoine, secrétaire-général.

   Pour copie corrigée, non conforme : Th. Féry.
     Ex-maire à Burey-en-Vaux; Ingénieur des
     syndicats d'irrigation de la Haute-Meuse.

Paris, novembre 1886.

P.-S. — On fait courir le bruit que Kuss, pour être agréable aux brocanteurs d'os de moutons à enchâsser et exposer à la vénération des fidèles, va faire enlever et répandre les déblais de curage de la Haute-Meuse. Il espère que les troqueurs de reliques pourront y renouveler leurs provisions de bibelots.

On annonce aussi comme probable une demande des ingénieurs Poincarré, Kuss et Mouton, tendant à faire examiner l'état mental de l'article 644 du Code civil et des jugements qui, au tribunal de Saint-Mihiel et à la cour de Nancy, l'ont appliqué aux irrigations de la Haute-Meuse.

Gare à la riposte de la toque à la casquette.

2° P. S. — Dans les déblais précités, on a retrouvé le vase sacré porté par Boulanger, avec le goupillon tenu et manœuvré par Develle, lors de leur récent voyage, de leur distribution d'*eau bénite de cour*, dans le canton de Vaucouleurs en général et la commune de Burey en particulier.

On y a découvert encore les immondices expectorés et déversés du haut de leurs sacrés tréteaux, sur leurs ouailles récalcitrantes et sur la République, par les cabotins évangéliques, les bobèches en surplis brodés, en chasubles dorées, des localités riveraines de la Haute-Meuse et de ses affluents.

On les céderait à bon compte aux amateurs.

Paris, typ. et lit. de M. Décembre, 326, rue de Vaugirard.